0

zero

zero

10

ten

dziesięć

20

twenty

dwadzieścia

30

thirty

trzydzieści

40

forty

czterdzieści

50

fifty

pięćdziesiąt

60

sixty

sześćdziesiąt

70

seventy

siedemdziesiąt

80

eigthy

osiemdziesiąt

90

ninety

dziewięćdziesiąt

100

one hundred

sto

1000

one thousand

tysiąc

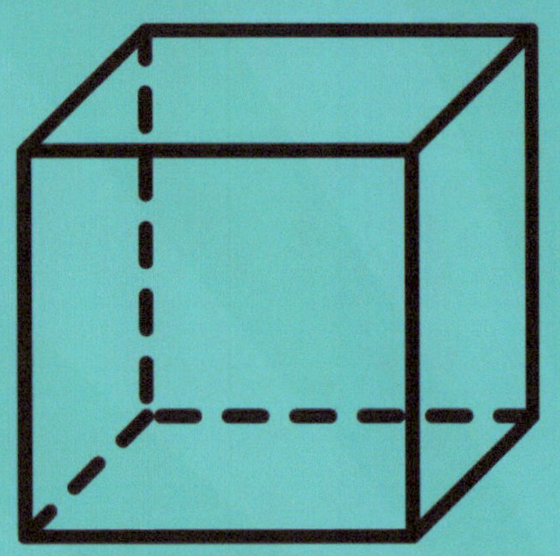

cube

szeście...

cube

sześcian

block

blok

ice cube

kostka lodu

caramel

karmel

sugar

cukier

dice

kostki do gry

gift box

pudełko upominkowe

cardboard box

pudełko kartonowe

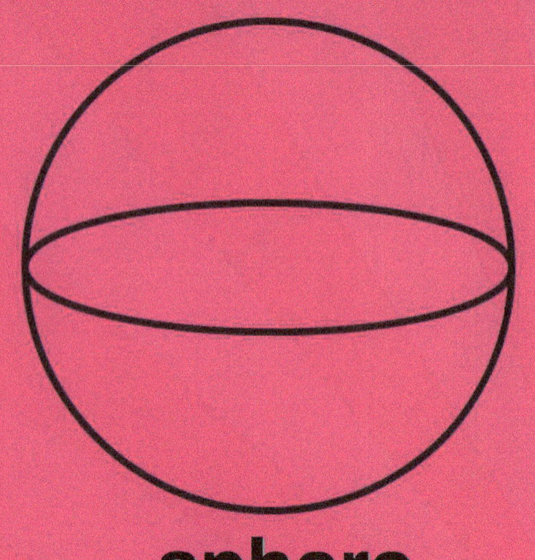

sphere

kula

ice cream scoop

gałka do lodów

pearl

perła

bubble

bańka

marbles

kulki

planet

planeta

snowball

śnieżka

tennis ball

piłka tenisowa

cylinder

walec

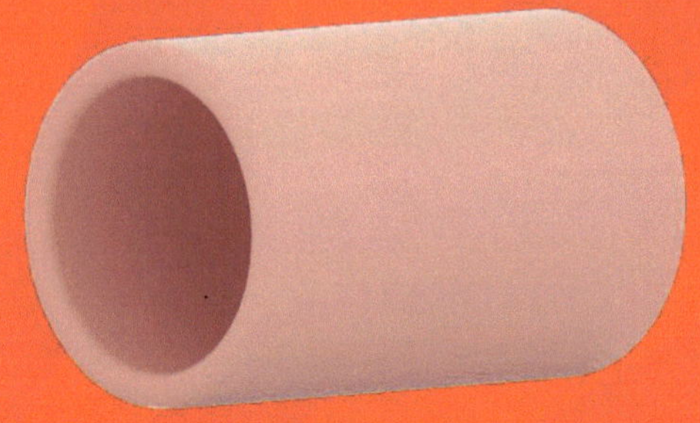

tube

rura

batteries

baterie

thread spool

szpula nici

cinnamon

cynamon

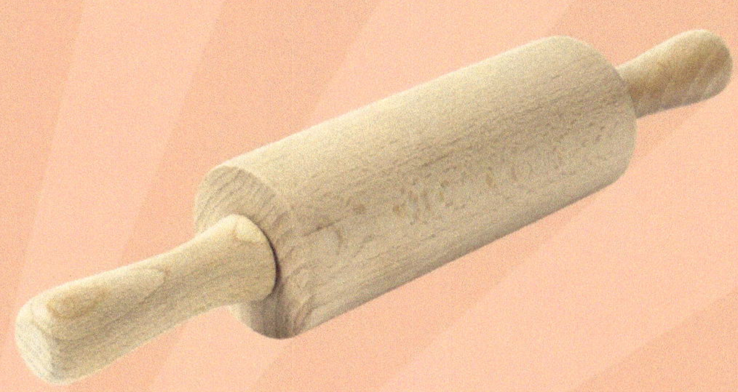

rolling pin

wałek do ciasta

sausage

kiełbasa

hay bale

bela siana

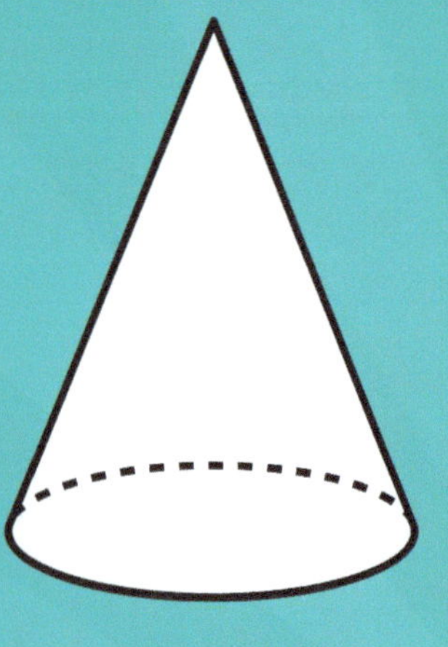

cone

stożek

road cone

stożek drogowy

ice cream cone

rożek do lodów

witch hat

kapelusz wiedźmy

dungeon

loch

fir tree

jodła

party hat

czapka imprezowa

snail

ślimak

blackberry

jeżyna

currant

porzeczka

clementine

klementynka

durian

durian

dragon fruit

smoczy owoc

jackfruit

dżakfrut

star fruit

karambola

asparagus

szparag

radish

rzodkiewka

red bean

czerwona fasola

turnip

rzepa

cassava

maniok

sweet potato

pochrzyn

chickpeas

ciecierzyca

eagle

orzeł

bat

nietoperz

beaver

bóbr

flamingo

flaming

raven

kruk

blackbird

kos

blue tit

sikora modra

magpie

sroka

swallow bird

jaskółka

lark

skowronek

parakeet

papużki nierozłączki

woodpecker

dzięcioł

peacock

paw

parrot

papuga

toucan

tukan

stork

bocian

coral

koral

sea anemone

ukwiał morski

sea urchin

jeżowiec

seahorse

konik morski

clownfish

błazenek

goldfish

złota rybka

crab

krab

hermit crab

biernatek

dolphin

delfin

narwhal

narwal

octopus

ośmiornica

squid

kałamarnica

whale shark

rekin wielorybi

orca

orka

blue whale

płetwal błękitny

beluga whale

białucha

hammerhead shark

rekin młot

white shark

rekin biały

lemon shark

żarłacz żółty

tiger shark

żarłacz tygrysi

grasshopper

konik polny

caterpillar

gąsienica

scorpion

skorpion

lizard

jaszczurka

dinosaurs

dinozaury

black hair

czarne włosy

ginger hair

rude włosy

brown hair

brązowe włosy

blond hair

blond włosy

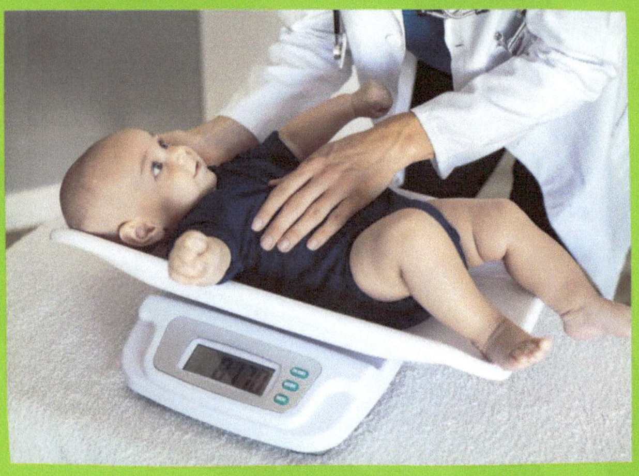

scale

waga

hospital

szpital

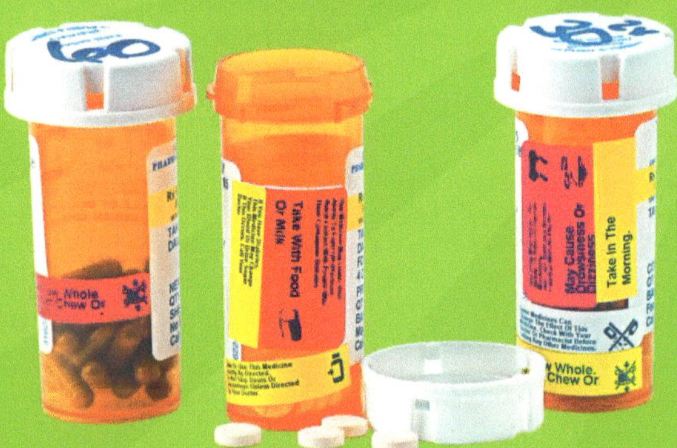

medicine

lekarstwo

thermometer

termometr

bandage

bandaż

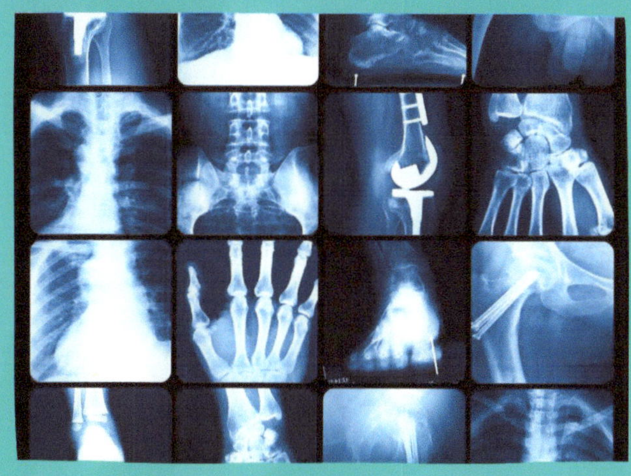

x-ray

zdjęcie rentgenowskie

doctor

lekarz

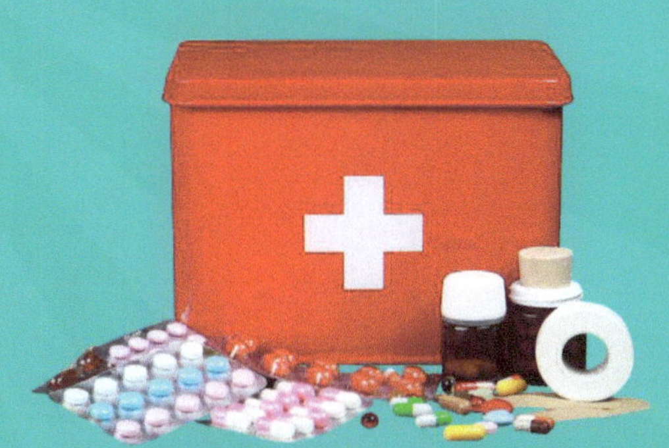

first aid kit

apteczka pierwszej pomocy

play

grać

draw

rysować

count

liczyć

write

pisać

dancing

taniec

swimming

pływanie

skiing

narciarstwo

basketball

koszykówka

tennis

tenis

ping pong

ping pong

soccer

piłka nożna

horse riding

jazda konna

ice hockey

hokej na lodzie

judo

judo

boxing

boks

running

bieganie

baseball

baseball

cricket

krykiet

rugby

rugby

volleyball

siatkówka

maracas

marakasy

tambourine

tamburyn

xylophone

ksylofon

violin

skrzypce

piano

fortepian

guitar

gitara

cello

wiolonczela

harp

harfa

drum

bęben

djembe

djembe

drum kit

zestaw perkusyjny

trumpet

trąbka

horn

róg

saxophone

saksofon

flute

flet

headphone

słuchawki

sing

śpiewać

sheet music

nuty

microphone

mikrofon